Auf dem Weg zu dir

spielberg

# AUTOR

Thomas Ortmanns, Jahrgang 1967, wohnt in Swisttal bei Bonn. Er ist gelernter Jurist, war Projektleiter und Redakteur und ist jetzt freiberuflicher Fotograf und Autor. Seit 2008 sind Fotografien in Ausstellungen zu sehen - nun macht er auch Texte öffentlich.
Neben Schwarzweiß-Fotografien erschafft er seit Jahren Gedichte, meist mit spirituellem Hintergrund. Die Richtung rührt von der rund zehnjährigen zen-buddhistischen Meditationspraxis her, die er hinter sich gelassen hat.
Prägend für seine Lyrik ist die "Poesie des tiefen Augenblicks". Für ihn ist ein poetischer Text wegweisend, den Daigu Ryôkan im 18. Jahrhundert über das Wort „Gedicht" für etwas „Gekünsteltes" formulierte:

*„Wer sagt, meine Gedichte seien Gedichte? Meine Gedichte sind keine Gedichte. Wenn du verstanden hast, dass meine Gedichte keine Gedichte sind, dann können wir beginnen über Poesie zu reden!"*

www.thomasortmanns-poesie.de

# MALERIN

Jutta Pintaske, Künstlerin und Kunstpädagogin, studierte Architektur, experimentelle Umweltgestaltung (HBK Braunschweig) sowie Malerei und Kunsttherapie (Alanus-Hochschule Alfter). Seit 1984 arbeitet sie als freie Künstlerin im eigenen Atelier in Bonn und als Dozentin für Malerei und Zeichnen.

Schwerpunkt ihres künstlerischen Schaffens ist die Umsetzung von Werde- und Wandlungsprozessen, die in der künstlerischen Bildsprache vielfältig ihren Ausdruck finden. In den künstlerischen Prozess einzutauchen ist für sie eine Arbeit, in der sie die Möglichkeit sieht, mit einem tiefgründigen Phänomen der Wechselwirkung von Geist und Materie in Berührung zu kommen.

www.jutta-pintaske.de

1. Auflage 2015

© 2015 SPIELBERG VERLAG, Regensburg
Umschlaggestaltung: Spielberg Verlag
Umschlagbild: Jutta Pintaske
Bilder im Innenteil: Jutta Pintaske
Texte: Thomas Ortmanns
Druck und Bindung: Inprint GmbH, Erlangen
Alle Rechte vorbehalten
Printed in Germany

ISBN: 978-3-95452-654-3

www.spielberg-verlag.de

# Auf dem Weg zu dir

## Mit Versen und Farben

Thomas Ortmanns
Jutta Pintaske

**spielberg**

Für meine Frau

# INHALT

| | |
|---|---|
| VORWORT | 9 |
| DER HALL | 11 |
| WÄCHTERIN - | |
| FÜR DAS HERZ VON MUTTER ERDE | 14 |
| Atem | 14 |
| Regen | 16 |
| Nebel | 18 |
| Wolken | 20 |
| Halten | 22 |
| Träumen | 24 |
| Weisheit | 26 |
| Mutter Erde | 28 |
| Liebe | 30 |
| Weiblichkeit | 32 |
| Symbol | 34 |
| Berühren | 36 |
| FÜR DIE ENERGIE VON VATER SONNE | 38 |
| Vater Sonne | 38 |
| Suchen | 40 |
| Verstehen | 42 |
| Platz - Schaffen | 44 |
| Schöpfen und Erlöschen | 46 |
| MITTLERER WEG SEIN | 48 |
| BERÜHREN II | 50 |
| … UND DER VOGEL UND ICH | 52 |
| WEN DU MEINST | 54 |
| ECHT FÜR DICH! | 56 |
| VORGEFÜHRT | 58 |

## VORWORT

Die bedrängte Seele, die einsame, findet endlich ihren Weg, zwischen zwei Polen unseres Seins, Weiblich und Männlich. Das Zuhause dann ist aus neu gemachter Wesenheit, aus neuem Zauber. Natürlich, wie das Leben einmal ist, nicht ohne Schwierigkeit.

Vierundzwanzig - Anzahl Stunden, halb so viel ergibt die Monate. Am Vierundzwanzigsten des Zwölften ist Weihnachten. Nur diese Anzahl Schritte führen durch die Miniaturen, klein und kräftig.

Alles ist bebildert mit umzaubernden Gemälden von Jutta Pintaske. Zen-artige Werke zeigen spontanes Leben, in den Augenblick geboren. Frei entfalten sich die Farben, bilden Organismen. Und sie schweben, ja bewegen sich. Alles ist getragen von unsichtbarer Energie - so wie die paar Schritte durch das Leben.

Thomas Ortmanns, Jutta Pintaske
im April 2015

## DER HALL

Da kriecht ein Hall nach, durch unzählbar gelebte Leben, durch diese trübe Herbstluft. Feucht und zwielichtig liegt die Atmosphäre da, so wie eine Glocke. Es ist das Rauschen des Verkehrs, das Raunen längst gesprochener Worte, das Rascheln lang beendeter Bewegungen, von Unzähligen um mich herum.

Hohl, kalt und alles durchdringend klingt es mir nach; und ich erinnere mich nochmal daran. Doch - all das war einmal. Den Hall hat das Leben noch nicht hinuntergewürgt, so rollt er durch die Ohren, durch den Kopf und macht mich beklommen.

# WÄCHTERIN - FÜR DAS HERZ VON MUTTER ERDE

*Zyklus aus 12 Texten*

## ATEM

Wind streicht über Grund und
durch die Blätter. Ihren Geist
atmet Mutter Erde uns entgegen;
bewegt sich von Berg zu Tal,
weist uns ihren Weg.

## REGEN

Wenn es warm wird für die Wesen oder kalt, gerinnt dein Wasser und du weinst uns zu, mal vor Glück und mal vor Traurigkeit.

## NEBEL

Kaum hörbar, kaum spürbar ist
dein schwacher Atem.
Tränen sinken hin zum Grund,
nehmen uns die Sicht.
Bis deine frische Brise kommt,
Schwaden verweht für uns.

## WOLKEN

Dein Atem lässt Tränen wehen,
ganz hoch oben, als Wolken
ziehen. Mal schiebst Du sie
beiseite, schickst uns Sonne zu;

mal schickst du schwarze Wolken, die
Kräfte uns nehmen, Leiden ausgießen.
Wenn Du nicht mehr richtig atmest,
hören wir auf zu sein, atme! Ich

bitte dich darum!

## HALTEN

Beide Hände hältst du so wie eine Schale;
Wasser versammelt sich in ihr,
sammelt sich zu Seen, Meeren
und zu Flüssen. Neues Leben
entfaltest du da so. Werde

uns nicht schwach, lass
nicht deine Hände
kraftlos werden!

## TRÄUMEN

Du drehst dich um dich selbst,
lässt uns im Licht der Sonne
träumen, und im Dunkeln
endlich schlafen.

In diesen neuen Zeiten, träumen
wir nun auch Nachts – und? Was
haben wir davon?

## WEISHEIT

Du fühlst deine Erde,
Atem, deine Wasser;

fühlst sie fließen,
fühlst das Leben
in dir und auf dir,
Werden und Vergehen.

Große Weisheit wächst heran.
Eins fehlt: männliche Kraft,

Funken der Ekstase.

## MUTTER ERDE

Durch den Grund der Erde
wurzelt unser Leben. Und

doch wir sind nicht
aus Stein und Sand.

Und doch sind wir
Teil deiner Natur.

Du schützt, nährst
und hältst uns;

wo kommen wir nur her?

## LIEBE

Du fühlst mit uns das Leben, unser
Leiden; wie kannst du das ertragen?

Doch nicht deshalb regnets Tränen
von dir, sondern, weil du Liebe

in dir trägst.

## WEIBLICHKEIT

Manche Wesen tuns dir gleich; fühlen
Leben, Atem, manche tragen sogar
Frucht in sich. Nur eines suchen sie
tief: Kosmische Kraft, um sie ekstatisch
aufzunehmen.

## SYMBOL

Wenn ein Wesen fühlen kann wie
du, lieben kann, wie du versteht,

wenns wacht über unser Sein,
machen andre von dir Symbole,

verschieden nur in der Gestalt.

## BERÜHREN

Dein Symbol berühren lässt
Wesen ein wenig nur so sein
wie du, lässt etwas zusammen-
schmelzen in ihnen.

# FÜR DIE ENERGIE VON VATER SONNE

*Zyklus aus 5 Texten*

## VATER SONNE

Gleißendes Licht scheint
auf die milde Kraft ihrer

Weiblichkeit.

## SUCHEN

Hoch oben strahlst du
irgendwo hin, blind
geblendet, vielleicht
ewig suchend nach
Erdung, Berührung.

Wohin nur und warum
sollst du bloß scheinen?

## VERSTEHEN

Vielleicht dringst du tief
in ihren Grund und wirst
mit der Zeit verstehen lernen.

Geblendet von eigenem Licht
ihr mildes Sein vermagst du
kaum zu spüren; was erst tief

dich erfahren lassen würde,
du sie mit aller Kraft hattest
erreichen können, erloschen

warst, so deine Augen wieder
sehen konnten, du in sie her-
nieder sinkst, einfach um sie

endlich zu berühren.

## PLATZ - SCHAFFEN

Dein Licht treibt mit voller
Macht
zum Handeln, sei
behutsam

Gestalten, treiben, macht
dich aus. Freistoßen,

deine wahre Kraft, ohne
wäre Mutter Erde bloß
zäher Klumpen, fades
Zwielicht ihres Selbst.

Niemand könnte ohne dich,
verginge.

## SCHÖPFEN UND ERLÖSCHEN

Es soll vergehen? Geh
hinaus aus ihrem Körper,
dann wird sie.

Neues Leben wird
einmal entstehen,
hast du dich mit
ihr vereint.

Weiblich wird männlich, bündelt
sie ihre männliche Kraft;
männlich wird weiblich, auf
dem Weg durch ihre Körperkraft.

Du kannst es in
ihren Augen sehen.

## MITTLERER WEG SEIN

Das große Lied der Seele
will ich singen, sie zu salben,
mit Liebe wieder als Herzen,
in meiner Brust lebendig
schlagend.

Durch ihren Mund lässt
ein verzaubernder Ton,
die innige Träne
fließen
in der Wesen Augen, und
lässt sie tropfen auf
den geschundenen Boden.

# BERÜHREN II

Werd ich berührt,
und was ich berühr,
ich werde gewahr.

Ob ich da-nach-denk,
macht mir nichts groß;
erleben beginnt, mein
Leben wird.

Wenn nichts mich mehr
berührt, dann hab ich
aufgehört; und
wenn ich so nichts mehr
spür von dir, bin ich ganz
— und so allein!

## ... UND DER VOGEL UND ICH

Ich liebe es,

wenn es in den Blättern rauscht, es
mir leise das Gesicht umstreicht, seine
Sonne alles leuchten lässt;

wenn langsam der Tag vergeht, die
Sonne tief versinkt, sein
Dunkel alles still einhüllt;

wenn zur Dämmerung am Morgen sein
kleiner Vogel zu mir kommt, um
mir zu erzählen.

Pass gut auf du kleiner Freund, damit
du Morgen wiederkommst; wir
haben dich so lieb, mein Kind.

## WEN DU MEINST

Wen du grüßt,
kann dir nicht antworten.

Wer hier steht,
ist nicht von dir gemeint.

Wen du liebkost,
spürt all deine Herzlichkeit.

Heiraten lässt es sich nicht,
und war vielleicht
immer schon dein.

# ECHT FÜR DICH!

Einsam durchfließen wir
gemeinsam unser Leben,
von Gestern her
nach Morgen hin.

Nun gut, wohl denn, du
altes, bekanntes Geplapper ...

Aber sag mir doch,
was hier und jetzt
nun wahr ist; und
schwöre mir, dass
es dich gibt! Warum
wohl sollte ich
sonst nur leben?

Mein Lächeln und
meine Träne, die
sind wirklich echt für dich.

## VORGEFÜHRT

Lob woll'n sie,
bewundert
wollen sie sein,
Großes woll`n sie.
Und alle sehnen sich am Ende bloß

geliebt zu werden.

Wer Erstes sucht,
verfehlt einmal;
wer Zweites hat und
Erstes lässt, den
belächeln sie,

der bleibt zurück.